AF311678

Juin 1886

8

SOCIÉTÉ DES MARBRES ONYX D'ALGÉRIE
EN LIQUIDATION

VENTE

Les Lundi 21, Mardi 22, Mercredi 23 et Jeudi 24 Juin 1886

À DEUX HEURES PRÉCISES DE RELEVÉE

de

MODÈLES

POUR

BRONZES D'ART

ET DE

GRANDE DÉCORATION

PROVENANT

DE LA SOCIÉTÉ DES MARBRES ONYX D'ALGÉRIE

Par suite de Cessation de fabrication

RUE POPINCOURT, N° 29

EXPOSITION PUBLIQUE

Les Jeudi 17, Vendredi 18 et Samedi 19 Juin 1886

DE 10 HEURES DU MATIN À 4 HEURES DU SOIR

Mᵉ E. LECOCQ	**M. G. SERVANT** ❋
COMMISSAIRE-PRISEUR	EXPERT
rue de la Victoire, 20	rue de Saintonge, 61

PARIS — 1886

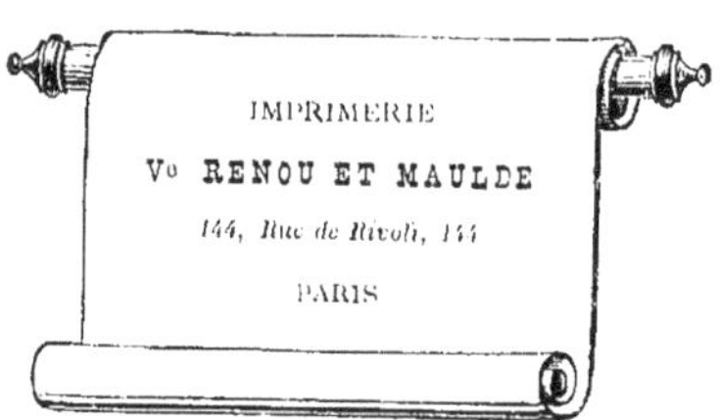

IMPRIMERIE
Vᵉ RENOU ET MAULDE
144, Rue de Rivoli, 144
PARIS

CATALOGUE

DES

MODÈLES

POUR

BRONZES D'ART

ET DE

GRANDE DÉCORATION

AVEC DROIT DE REPRODUCTION

POUR

Statues, Statuettes, Groupes, Bustes, Torchères à figures
Torchères ornemanisées, Lustres, Lampes
Pendules, Candélabres, Flambeaux, Bras, Cartels
Vases de grande décoration, Vases d'ameublement, grandes Coupes
Cache-Pots, Guéridons, Table, Gaines
Cheminées, Colonnes, Service de Table, Buires, Serrures
Montures diverses et Modèles plâtre, etc.

PROVENANT

DE LA SOCIÉTÉ DES MARBRES ONYX D'ALGÉRIE

EN LIQUIDATION

DONT LA VENTE AUX ENCHÈRES PUBLIQUES AURA LIEU

RUE POPINCOURT, N° 29

Les Lundi 21, Mardi 22, Mercredi 23 et Jeudi 24 Juin 1886

A DEUX HEURES PRÉCISES DE RELEVÉE

Par le ministère de **M⁰ Émile LECOCQ**, Commissaire-Priseur,
rue de la Victoire, 20,
Assisté de **M. G. SERVANT** ✿, Expert, rue de Saintonge, 61.

EXPOSITION PUBLIQUE

Les Jeudi 17, Vendredi 18 et Samedi 19 Juin 1886.

DE DIX HEURES DU MATIN A QUATRE HEURES DU SOIR

PARIS — 1886

CONDITIONS DE LA VENTE

—

Elle sera faite au comptant.

Les acquéreurs paieront CINQ POUR CENT en sus du prix d'adjudication.

Ils seront tenus de prendre la **FONTE BRUTE** existant pour chacun des Modèles, au prix de **3** fr. **50** le kilog., plus CINQ POUR CENT.

Le **Poids de fonte** sera indiqué au moment de la mise en vente de chaque Modèle.

DÉSIGNATION

STATUES, STATUETTES, GROUPES
BUSTES

1 — Figure **LE JOUR**, n° 1, pour torchère
Par Carrier-Belleuse.

2 — Figure **LE JOUR**, n° 2, pour torchère.
Par Carrier-Belleuse.

3 — Figure **LE JOUR**, n° 3, pouvant servir
pour candélabre ou pour pendule rotative.
Par Carrier-Belleuse.

4 — Figure **LA NUIT**, n° 1, pour torchère.

Par Carrier-Belleuse.

5 — Figure **LA NUIT**, n° 2, pour torchère.

Par Carrier-Belleuse.

6 — Figure **LA NUIT**, n° 3, pour candé-labre ou pour pendule rotative.

Par Carrier-Belleuse.

Avec ces figures, il sera vendu un bouquet de lumières pour les grandeurs n° 1.

Il sera joint aux n°ˢ 1 et 4, quatre figures plâtre avec changements.

7 — Statuette **POÉSIE**, n° 1.

Par Carrier-Belleuse.

8 — Statuette **POÉSIE**, n° 2.

Par Carrier-Belleuse.

9 Statuette **POÉSIE**, n° 3.

Par Carrier-Belleuse.

10 — Statuette **DIANE**, n° 2.

Par Carrier-Belleuse.

11 — Statuette **DIANE**, n° 2.

Par Carrier-Belleuse.

12 — Statuette **DIANE**, n° 3.

Par Carrier-Belleuse.

13 — Statuette **PSYCHÉ**, n° 1.

Par Carrier-Belleuse.

14 — Statuette **PSYCHÉ**, n° 2.

Par Carrier-Belleuse.

15 — Statuette **PSYCHÉ**, n° 3.

Par Carrier-Belleuse.

16 — Statuette **LA TERRE**.

Par Carrier-Belleuse.

17 — Statuette **L'EAU**.

Par Carrier-Belleuse.

18 — Statuette enfant **L'ÉTÉ**.
Fondu sur ancien.

19 — Statuette enfant **L'AUTOMNE**.
Fondu sur ancien.

20 — Statuette **SUZANNE SURPRISE**, n° 1.
Par Carrier-Belleuse.

21 — Statuette **SUZANNE SURPRISE**, n° 2.
Par Carrier-Belleuse.

22 — Statuette **SUZANNE SURPRISE**, n° 3.
Par Carrier-Belleuse.

23 — Statuette **SUZANNE SURPRISE**, n° 4.
Par Carrier-Belleuse.

24 — Statuette **COMÉDIE**, n° 1.
Par Carrier-Belleuse.

25 — Statuette **COMÉDIE** n°, 2.
Par Carrier-Belleuse.

26 — Statuette **COMÉDIE**, n° 3.
Par Carrier-Belleuse.

27 — Statuette **TRAGÉDIE**. n° 1.

> Par CARRIER-BELLEUSE.

28 — Statuette **TRAGÉDIE**, n° 2.

> Par CARRIER-BELLEUSE.

29 — Statuette **TRAGÉDIE**, n° 3.

> Par CARRIER-BELLEUSE.

30 — Statuette **LA CRUCHE CASSÉE**.

> Par DEBRIE.

31 — Statuette **FEMME AILÉE**, pour pendule rotative.

> Par MACHAUD.

32 — Statuette **PÉNÉLOPE**.

> Par HERCULE.

33 — Statuette **PHRYNÉ**.

> Par HERCULE.

34 — Figure **FEMME POUR CANDÉ-
LABRE**, n° 1.

> Par Carrier-Belleuse.

35 — Figure **FEMME POUR CANDÉ-
LABRE**, n° 2.

> Par Carrier-Belleuse.

36 — Figure **FEMME POUR CANDÉ-
LABRE**, n° 1.
Pendant du n° 34.

> Par Carrier-Belleuse.

37 — Figure **FEMME POUR CANDÉ-
LABRE**, n° 2.
Pendant du n° 35.

> Par Carrier-Belleuse.

38 — Figure **FEMME POUR CANDÉ-
LABRE**, n° 3.

> Par Carrier-Belleuse.

39 — Figure **FEMME POUR CANDÉ-
LABRE**, n° 3.

40 — Deux statuettes **ENFANTS A L'ARC**
(partie et contre-partie), sur socles.

Fondu sur ancien.

41 — Statuette **ATLAS.**

42 — Groupe **LE RÉVEIL**, n° 1.

Par FRANCESCHI.

43 — Groupe **LE RÉVEIL**, n° 2.

Par FRANCESCHI.

44 — Groupe **LE REVEIL**, n° 3.

Par FRANCESCHI.

45 — Groupe **LE RÉVEIL**, n° 4.

Par FRANCESCHI.

46 — Groupe **SHAKESPEARE**. n° 1.

Par Carrier-Belleuse.

47 — Groupe **SHAKESPEARE**. n° 2.

Par Carrier-Belleuse.

48 — Groupe **SHAKESPEARE**, n° 3.

Par Carrier-Belleuse.

49 — Groupe **LEÇON DE MUSIQUE**. n° 1.

50 — Groupe **LEÇON DE MUSIQUE**. n° 2.

51 — Groupe **TROIS NAIADES**. n° 1.

52 — Groupe **TROIS NAIADES**, n° 2.

53 — Groupe **TROIS NAIADES**, n° 3.

Avec ces figures il sera vendu un socle pour la grandeur n° 1.

54 — Groupe **LA LEÇON**.

Par Debrie.

55 — Groupe **ENFANTS SOURCE**.

Par Carrier-Belleuse.

56 — Groupe **DIDON**, n° 1.

Par Carrier-Belleuse.

57 — Groupe **DIDON**, n° 2.

Par Carrier-Belleuse.

58 — Groupe **DIDON**, n° 3.

Par Carrier-Belleuse.

59 — Groupe **DIANE ASSISE**.

Par Deloye.

60 — Groupe trois **FIGURES FEMMES**, support.

61 — Groupe **TROIS ENFANTS**, support.

Par Sauvageot.

62 — Groupe **ENFANT AU LION.**

> Par Heizler.

63 — Groupe **LA FUITE EN ÉGYPTE.**

> Par Gayrard.

64 — Groupe **CHEVAL DE CHASSE.**

> Par Gayrard.

65 — Groupe **TIGRE ASSIS.**

> Par Heizler.

66 — Groupe **CHIENS D'ARRÊT.**

> Par Barye

67 — Groupe **CHAT ASSIS.**

> Par Heizler.

68 — Groupe **DEUX ENFANTS COUCHÉS.**

69 — Groupe **ARIANE AU TIGRE.**

70 — Buste **MINERVE**, grandeur nature.

71 — Buste **FEMME LOUIS XV.**

Par Machaud.

72 — Buste **CLÉOPATRE.**

Par Machaud.

73 — Buste **FEMME VOILÉE**, n° 1.

Par Carrier-Belleuse.

74 — Buste **FEMME VOILÉE**, n° 2.
Fonte seulement.

Par Carrier-Belleuse.

75 — Buste **DIANE DE POITIERS**, n° 1.

D'après Jean Goujon.

76 — Buste **DIANE DE POITIERS**, n° 2.

D'après Jean Goujon.

77 — Buste de **VIERGE**.

Par Carrier-Belleuse.

78 — Buste **FEMME A LA ROSE**, n° 1.

Par Carrier-Belleuse.

79 — Buste **FEMME A LA ROSE**, n° 2.

Par Carrier-Belleuse.

80 — Buste **FEMME A LA ROSE**, n° 3.

Par Carrier-Belleuse.

81 — Buste **DIDON**, n° 1.

Par Carrier-Belleuse.

82 — Buste **DIDON**, n° 2.

Par Carrier-Belleuse.

83 — Buste **DIDON**, n° 3.

Par Carrier-Belleuse.

84 — Buste **JUPITER TROPHONIUS**, n° 1.

85 — Buste **JUPITER TROPHONIUS**, n° 2.

86 — Buste **VOLTAIRE**, n° 1.

87 — Buste **ROUSSEAU**, n° 1.

88 — Buste **VOLTAIRE**, n° 2.

89 — Buste **ROUSSEAU**, n° 2.

TORCHÈRES A FIGURES
TORCHÈRES ORNEMANISÉES, LUSTRES
LAMPES

90 — Grande **TORCHÈRE RENAISSANCE**

91 — Grande **TORCHÈRE LOUIS XVI**,
gaîne femmes et **TRÉPIED FAUNES**

92 — **TORCHÈRE GRECQUE**

93 — **TORCHÈRE A GUIRLANDES** Louis XVI.

94 — **TORCHÈRE** et **GUÉRIDON LOUIS XVI** à trois pieds.

95 — **TORCHÈRE RENAISSANCE.**

96 — **TORCHÈRE** et **LAMPE** Renaissance.

97 — Torchère **MICHEL-ANGE.**

98 — Torchère à gaz **RODSCHILD.**

99 — Bouquet et pied pour **TORCHÈRE RODSCHILD.**

100 — Lustre **LOUIS XVI** à 3o lumières. Incomplet.

101 — Pièces pour Lustre **MAURESQUE**.
Incomplet.

102 — Lustre **GOTHIQUE** à 9 lumières et
Bras **GOTHIQUE** à 3 lumières.

103 — Deux Bouquets **LOUIS XVI** pour torchères.

104 — Lustre à 72 lumières.

GALLOIS.

Lustre à 48 lumières.

GALLOIS.

Suspension-Lustre à chaînes.

GALLOIS.

Bras à 18 lumières.

GALLOIS.

105 — Lustre **LOUIS XV** à 20 lumières.

GALLOIS.

2

106 — Bras à une lumière.

Par GALLOIS.

107 -- Lampe **LOUIS XVI**, Sèvres.

108 — Lampe **CHINOISE** pour émail.

109 — Lampe **PIEDS DE BICHE** pour
émail.

110 — Vase-Lampe à gaz.

111 -- Vase-Lampe **RENAISSANCE, MAS-
CARONS.**

112 — Lampe **BOULE.**

PENDULES, CANDELABRES, FLAMBEAUX
BRAS, CARTELS

—

113 — Pendule **FEMME AU CADRAN.**

> Par Carrier-Belleuse.

114 — Deux **FIGURES D'ENFANTS** pour
candélabres d'accompagnement.

> Par Carrier-Belleuse.

115 — Deux **FIGURES D'ENFANTS**, réduction des précédents.

116 — **BUSTE** tiré de la statuette n° 113

117 — Pendule **LA SOURCE.**

> D'après Clodion.

118 — Pendule **CHAR ABONDANCE.**

Par Carrier-Belleuse.

119 — Candélabre **VASE CLODION.**
Bras **LOUIS XVI, CARQUOIS.**

120 — Pendule Louis XIV, **ENFANT LYRE.**

121 — Candélabre d'accompagnement.

122 — Pendule **LOUIS XVI A GLACE.**

123 — Candélabre d'accompagnement.

124 — Flambeau d'accompagnement.

125 — Pendule **RENAISSANCE A BUSTE ÉMAIL.**

126 — Candélabre d'accompagnement.

127 — Pendule **LOUIS XIV**, quatre têtes de femmes.

128 — Candélabre d'accompagnement.

129 — Pendule **RENAISSANCE**.

Par Robert frères.

130 — Candélabre d'accompagnement.

131 — Pendule, **TABOURET LOUIS XVI** et Groupe **ERIGONE**.

Par Carrier-Belleuse.

132 — Candélabre **VASE TÊTES DE SA-TYRE**, d'accompagnement.

133 — Grande Coupe Louis XVI, **TÊTES DE SATYRE**.

134 — Lampe Louis XVI, **TÊTES DE BAC-CHANTE** d'accompagnement

135 — Pendule **LOUIS XIV**, bas - relief **ENFANT AU SABLIER**.

136 — Candélabre d'accompagnement.

137 — Pendule **LIONS HÉRALDIQUES**.

Les lions par Heizler.

138 — Candélabre d'accompagnement.

139 — Pendule socle marbre **LIONS HÉRAL-DIQUES**.

140 — Candélabre et Lampe d'accompagnement.

141 — Pendule Renaissance, **CARIATIDES FEMMES** (n° 122).

142 — Candélabre d'accompagnement.

143 — Pendule **LOUIS XIII**, Lampe et Coupe d'accompagnement.

144 — Pendule **LOUIS XIII**, émail.

145 — Candélabre, Coupe et Flambeau d'accompagnement.

146 — Pendule **LOUIS XVI, COLOMBES.**

147 — Candélabre d'accompagnement.

148 — Pendule **LOUIS XVI, SPHÈRE.**

149 — Candélabre d'accompagnement.

150 — Pendule **LOUIS XVI, A CONSOLES.**

151 — Pendule et Coupe **GOURDE,** avec émail.

152 — Candélabre d'accompagnement.

153 — Pendule **ENFANTS MUSICIENS.**

154 — Candélabre d'accompagnement.

155 — Pendule **ATTRIBUTS DE MUSIQUE**

156 — Candélabre d'accompagnement.

157 — Pendule, Candélabre, Coupe et Flambeau **CONSOLES** pour émail.

158 — Pendule et Candélabre **LOUIS XV**, pour figures porcelaine de Saxe.

Vente NOEL.

159 — Pendule **LAMBREQUIN** et pied de Candélabre, pour émail.

160 — Pendule **PANTHÈRE**.

161 — Candélabre d'accompagnement.

162 — Pendule **ASSYRIENNE**.

163 — Candélabre d'accompagnement.

164 — Pendule **BUSTE DIANE**.

165 — Candélabre d'accompagnement.

166 — Pendule **PAON**.

167 Candélabre d'accompagnement.

168 — Grand Candélabre **FEMMES ET EN-FANTS MUSIQUE** (partie et contre-partie). Pièces pour compléter un lustre avec le bouquet dudit Candé-labre.

169 — Candélabre **LOUIS XIV, MAZARIN**.

170 — Candélabre Vase Louis XVI, **ENFANTS ZÉPHIRS**.

171 — Flambeau **LOUIS XVI** à 2 branches. Fondu sur ancien.

172 — Flambeau **LOUIS XVI, A CANAUX**. Fondu sur ancien.

173 — Flambeau **LOUIS XV, ENFANTS**.

Fondu sur ancien.

174 — Flambeau **BOUILLOTTE** et un petit
flambeau pour marbre.

175 — Grand Bras **LOUIS XVI**, à 4 lumières
à gaz.

176 — Petit Bras **LOUIS XVI**.

177 — Bras **LOUIS XVI, APPLIQUES LAU-
RIERS**.

178 — Bras applique **LAURIERS ET COU-
RONNES DE ROSES**.

179 — Bras **LOUIS XVI**, à gaz, **TÊTES
D'AIGLE**.

180 — Bras **LOUIS XVI**, à gaz, à 1 lumière.

181 — Bras **LOUIS XV**, à 3 lumières.
Fondu sur ancien.

182 — Bras **LOUIS XIV**.
Fondu sur ancien.

183 — Bras **LOUIS XVI**, a gaz, à 1 lumière.

184 — Cartel **LOUIS XVI, GUIRLANDES**.

185 — Cartel **LOUIS XVI**.
Fondu sur ancien.

VASES DE GRANDE DÉCORATION
VASES D'AMEUBLEMENT
GRANDES COUPES, CACHE-POTS

186 — Vase **INDIEN** et Trépied **ÉLÉPHANT**.

187 — Vase **LOUIS XVI**, modèle Sèvres.

188 — Vase **CLODION**, forme Médicis.

189 — Grand Vase **LOUIS XIV, A CHI-MÈRES**, de Versailles.

190 — Vase **TÊTES DE SATYRES**.

191 — Vase **SAISONS**.

Par Klagmann.

192 — Grand Vase **LOUIS XVI**, à canaux droits.

193 — Grand Vase **LOUIS XVI**, à 5 lumières. Guirlandes de lauriers.

194 — Vase **LOUIS XIV, QUATRE SAI-SONS**.

195 — Vase **LOUIS XIV, A LAMBRE-QUINS**.

196 — Vase **LIANES**, pied à têtes d'éléphants.

197 — Jatte **CHIMÈRE CHINOISE**.

198 — Vase **ÉTRUSQUE**.

199 — Vase Louis XVI, **TÊTE DE FEMME**.

200 — Groupe deux **FIGURES DE FEMMES** debout.

Pour Coupe Surtout de table n° 1.

Par Carrier-Belleuse.

201 — Groupe deux **FIGURES DE FEMMES** debout.

Pour Coupe Surtout de table n° 2.

Par Carrier-Belleuse.

202 — Coupe **LOUIS XIV** ovale, à **GUIRLANDES DE FRUITS**.

203 — Coupe **SAISONS**.

Par Carrier-Belleuse.

204 — Coupe **LOUIS XVI, TROIS ENFANTS.**

205 — Pendule **LOUIS XVI, TROIS EN-FANTS.**

205 *bis* — Coupe ovale pour exécuter à trois enfants réduits sur ceux du n° 204.

Ce modèle est en plâtre.

Il n'y a qu'un seul enfant dont la réduction soit faite, et dont le modèle soit exécuté en bronze.

206 — Grande Coupe Louis XVI, **ENFANTS ET GUIRLANDES.**

207 — Grande Coupe ovale Louis XVI, **ENFANTS ET GUIRLANDES.**

208 — Coupe **CHINOISE**, pour émail.

209 — Candélabre d'accompagnement.

210 — Coupe anse **TROPHONIUS.**

Lampe d'accompagnement.

211 — Grande Coupe **GRECQUE**, pour émail.

212 — Grande Coupe ovale **LOUIS XIV**.

213 — Jatte, Cornet, Lampe et Cache-Pot **CHINOIS**.

214 — **BOL CLOISONNÉ**, pour émail et pied.

215 — Cache-Pot **CHINOIS A CIGOGNES**.

216 — Coupe **PALME INDIENNE**, pour émail.

217 — Coupe **TÊTE D'ELÉPHANT**.

218 — Coupe **ÉGYPTIENNE**.

219 — Vase **LOUIS XVI. ENFANTS DEBOUT**.

220 — Petite Coupe **LOUIS XVI**, anse boule.

221 — Petite Coupe **RENAISSANCE.**

222 — Coupe **RENAISSANCE** ovale.

223 — Coupe **SPHINX.**

224 — Coupe **RENAISSANCE.**

225 — Coupe **PERROQUETS.**

226 — Coupe **NEPTUNE.**

227 — Coupe **BRULE-PARFUMS.**

228 — Coupe **PANTHÈRES.**

229 — Grande Coupe **TÊTES DE BÉLIERS.**

230 — Trois Coupes, **TÊTES DE FEMMES**
et modèle simple.

231 — Coupe **CHIMÈRES** pour émail.

232 — Plateau ovale **BAMBOU**.

233 — Grande Coupe basse, **MONTURE GRECQUE**.

234 — Plateau ovale **CHIMÈRES**, pour émail.

235 — Coupe **LOUIS XIV, GUIRLANDES**.

236 — Grande Coupe ovale **CHIMÈRES**, pour émail.

237 — Cache-Pot **ENFANTS**.

Par CARRIER-BELLEUSE.

238 — Petit Cache-Pot **CHINOIS**.

239 — Jardinière **LOUIS XVI**.

240 — Jardinière **ASTRONOMIE**.

GUÉRIDONS, TABLE, GAINE, CHEMINÉES COLONNES

—

241 — Guéridon **LOUIS XVI**, pied lambrequin.

242 — Guéridon Louis XIV, **QUATRE TÊTES D'ENFANTS**.

243 — Guéridon **LOUIS XVI**, à quatre consoles.

Sera vendu avec le n° 187.

244 — Table **LOUIS XVI**.

245 — Gaine **HERCULE**.

246 — Garniture pour colonne **DORIQUE**.

247 — Garniture pour colonne **IONIQUE**.

248 — Garniture pour colonne **CORYN-THIENNE**.

249 — Cheminée **LOUIS XIV**, de Versailles, chambre du Conseil.

250 — Cheminée **LOUIS XIV, A TÊTES DE LIONS**.

251 — Huit Garnitures pour Cheminées **RENAISSANCE, LOUIS XIV** et **LOUIS XVI**.

SERVICE DE TABLE, BUIRES, SERRURES MONTURES DIVERSES

252 — Corbeille **LOUIS XVI** pour service de table.

253 — Candélabre **LOUIS XVI** pour service de table.

254 — Porte-Assiettes **LOUIS XVI** pour service de table.

255 — Compotier **LOUIS XVI** pour service de table.

256 — Buire **ENFANTS AU CYGNE.**

Par Carrier-Belleuse.

257 — Buire et Lampe, **ANSES SERPENT,** Vase **CLODION.**

258 — Serrure **LOUIS XVI,** espagnolette, fiche et boutons, plus une serrure **LOUIS XIV.**

259 — Monture **STYLE CHINOIS,** pour grand vase.

260 — Monture émail pour **GRANDE COUPE**

261 — Trois Montures **CHINOISES,** Jardinières et Coupes.

DIVERS

622 — Porte-Bouquet **SPHINX LOUIS XIV.**

263 — Coffret, Boîtes à **MOUCHOIRS** et à
GANTS.

265 — Frise, ornement pour **CHEMINÉE.**

266 — Grand Bas - Relief, **ENFANTS
QUATRE SAISONS.**

267 — Applique à **TÊTE ET GUIRLANDES**
pour couronnement de glace.

268 — **DEUX ENFANTS, UNE TÊTE DE
CERF** et deux **COQUILLES.**

269 - Grand **CHAPITEAU, PILASTRE** et
EMBASE.

Etablissement Duval.

270 — Anse et Guirlandes, pour vase **TERRE**
et **EAU.**

271 — Balustre **LOUIS XIV.**

272 — Lot de Rinceaux et divers.

273 — Trois Embases ronde et carrées et un Culot pour grand vase.

274 — Trois Angles et un grand Cercle lauriers.

275 — Support **RENAISSANCE** pour grande vasque en marbre (Le chapiteau est en plâtre seulement).

76 — Grande Console et Cercle **LAURIER** pour socle ou piédestal.

277 — **TÊTE DE BÉLIER**, fondu sur ancien et anse **TÊTE DE LION**.

278 — Chimère **SPHINX A TÊTE DE FEMME AILÉE.**

279 — Lot d'**ENFANTS**.

280 — Lot d'**ENFANTS**.

281 — Lot d'**ENFANTS**.

282 — Cassolette et Porte - Bouquet **LOUIS
XVI**.

283 — Coupe et Flambeau **LOUIS XIII**.

284 — Anse pour **COUPE**.

285 — Tabouret **CHINOIS** (deux vases).

286 — Pied **CHINOIS**.

287 — Pied trois **DAUPHINS**.

288 — Anse à têtes **DE GRAND VASE,
VERSAILLES**.

289 — Lot de **GRIFFES.**

290 — Pièces **CHINOISES** diverses.

291 — Lot de **CHAPITEAUX** et **EMBASES.**

292 — **CHIMÈRE AILÉE.**

293 — Balustre **RENAISSANCE.**

294 — Dix-huit **TÊTES DE LIONS** et divers.

295 — Lot de pièces diverses.

296 — Lot de quinze pièces diverses.

297 — Lot de pièces **CHINOISES.**

298 — Lot de Garnitures **RENAISSANCE.**

299 — Lot de pièces pour Suspensions.

300 — Grande Console **TÊTE DE BÉLIER.**

301 — Console et feuille pour **CHAPITEAU.**

302 — Pièces pour **GUÉRIDON CHINOIS.**

303 — Lustre **RENAISSANCE**, incomplet.

304 — Lot d'**ANSES** diverses.

305 — Lot de pièces diverses.

306 — Lot de pièces diverses.

307 — Lot de pièces diverses.

308 — Deux grandes **COQUILLES** et **UN DAUPHIN.**

309 — Lot de pièces diverses.

310 — Pied ovale **LOUIS XVI**.

311 — Grande **GUIRLANDE** et son **PEN-
DENTIF.**

312 — Cartouche pour pendule **JOUR** et
NUIT.

313 — Lot de pièces pour émail.

314 — Lot de douze pièces **HÉRALDIQUES.**

315 — Lot de onze pièces **TÊTES DE
BÉLIERS.**

316 — Lot de dix-neuf **PIECES ARMOI-
RIES.**

317 — Lot de huit pièces diverses.

318 — Lot de douze pièces.

319 — Lot de dix pièces Moulures.

320 — Lot de vingt et une pièces Moulures.

321 — Lot de neuf pièces Moulures.

322 — Lot de quatorze pièces Moulures.

323 — Lot de huit pièces Moulures.

324 — Lot de vingt-trois pièces Tigettes.

325 — Lot de six pièces Appliques.

326 — Lot de treize pièces Appliques.

327 — Lot de dix pièces Cartouche et divers.

328 — Deux Médaillons **APOLLON** et **DIANE** non ciselés.

329 — Lot de seize pièces **CROIX** et **CHRIST**, pour émail.

330 — Lot de vingt-cinq pièces pour Email, Bougeoirs, etc.

331 — Lot de sept pièces **CARTOUCHE** et **APPLIQUES**.

332 — Lot de huit pièces **TÊTES DE LIONS.**

333 — Lot de sept pièces Appliques à têtes.

334 — Lot de huit pièces diverses.

335 — Lot de onze pièces, Branches de candélabres.

336 — Lot de onze pièces Rinceaux et divers.

337 — Lot de treize pièces Guirlandes.

338 — Lot de dix-huit pièces Patins et Griffes·

339 — Lot de vingt pièces, anses diverses.

340 — Lot de seize pièces diverses. ·

341 — Lot de dix pièces Frises et Moulures.

342 — Lot de quinze pièces, **ROSEAUX ET
ÉPIS.**

343 — Lot de pièces pour émail.

344 — Lot de pièces pour émail.

345 — Lot de pièces pour émail.

346 — Lot de dix pièces, Guirlandes et
Branches.

347 — Deux Appliques **LOUIS XIV, SAI-SONS**, du Château de Bercy.

A ce numéro seront jointes deux appliques en plâtre complétant les quatre Saisons.

348 — Lot de neuf pièces Appliques et diverses.

349 — Lot de cinq pièces Appliques ornements.

350 — Lot de Cartouche et pièces d'angle.

351 — Lot de six pièces Moulures.

352 — Lot de pièces diverses.

353 — Lot de pièces diverses.

353 *bis* — Lot de pièces diverses.

354 — Groupe de **DEUX OISEAUX** de proie et autres, séparés.

355 — Grosse **TÊTE DE BÉLIER.**

356 — Lot d'animaux, **CHEVAUX ET CERFS**.

Par Heizler

357 — Lot d'animaux, **TIGRES**.

Par Heizler.

MODÈLES PLATRE EN TOUTE PROPRIÉTÉ

358 — Groupe de grands **PAONS**.

Avec moule.

Par Cain.

Il sera vendu avec ce groupe la monture du socle représenté sur la photographie.

359 — Groupe de deux **FIGURES DE FEMMES**, grandeur nature, pour pendule.

Par Carrier-Belleuse.

360 — Deux **FIGURES DE FEMMES**, pour torchères d'accompagnement.

Par Carrier-Belleuse.

Ces quatre figures formaient une grande garniture, Pendule et Torchères, qui ont été exposées en 1867, par la Compagnie des marbres onyx d'Algérie.

Il sera vendu avec le n° 359 une réduction de la figure de gauche du groupe.

361 — Pendule Gaine, **ENFANT A L'ARC**.

La figure par Carrier-Belleuse.
Les ornements par Machaud.

362 — Deux grands Vases **TERRE ET EAU**,
anses et guirlandes en bronze non
ciselé.

363 — Buste **PRINTEMPS**.

Par Carrier-Belleuse.

364 — Buste **AUTOMNE**.

Par Carrier-Belleuse.

365 — Groupe **CHIENS ET CANARDS**, for-
mant milieu, pour une fontaine.

Par Heizler.

366 — Deux Médaillons **PHIDIAS** et **MICHEL-
ANGE**.

Par Carrier-Belleuse.

367 — Quatre Médaillons bas-reliefs **LES SAISONS**.

> Par MACHAUD.

368 — Deux Médaillons bas-reliefs **JOUR ET NUIT**.

> Par MACHAUD.

369 — Cartel à **TROPHÉE ET AIGLE**

370 — Un Appareil à douches, **STYLE MAURESQUE**, et Accessoires.

MOULAGES PLATRE, SANS PROPRIÉTÉ

371 — Vase **VERSAILLES A MÉDAILLONS** et son socle.

372 — **VÉNUS DE MILO**, grandeur de l'original.

373 — **VÉNUS DE MILO**, réduction.

374 — **BAIGNEUSE** d'Allegrain, grandeur de l'original.

375 — **MERCURE,** de Jean de Bologne.

376 — Deux grands Groupes **D'ENFANTS** (avec leurs moules). Escalier du Palais-Royal.

Par BOUCHARDON.

377 — Deux Bas-Reliefs **OISEAUX**, cire. Aigle et Demoiselle de Numidie.

378 — Un Balustre en bois sculpté.

379 — Figure Atlas, draperie en cire.

380 — Esquisse pour prix de courses, **TRIOM-PHE D'AMPHITRITE.**

381 — Esquisse pour prix de courses, **TOI-LETTE DE VÉNUS.**

382 — Buste **MOLIÈRE**.

Par HOUDON.

Buste **MOLIÈRE**, réduction

383 — Buste **CORNEILLE**.

Buste **CORNEILLE**, réduction.

384 — Buste **RACINE**.

385 — Buste de **LA FONTAINE**.

386 — Buste de **LAFAYETTE**.

387 — Buste de **WASHINGTON**.

388 — Buste de **VÉNUS**.

389 — Buste de Mme **LECOMTE**.

Par Guillaume COUSTOU.

390 — **DEUX GAINES**.

Par JEAN GOUJON.

391 — Deux Groupes **LE JOUR ET LA NUIT.**

Par Michel-Ange.

392 — Deux Groupes **LÉDA ET JUDITH.**

393 — Quatre grands Panneaux **ALHAMBRA.**

394 — Un Panneau **ÉPIS ET ROSES.**

395 — Un Panneau **GUIRLANDES ET RIN-CEAUX.**

396 — Un Panneau **GUIRLANDES DE ROSES.**

LIVRES ET PHOTOGRAPHIES D'ART

397 — Prisse d'Avenne. L'Art arabe, 86 planches.

3g8 — Statue équestre de Louis XV, moulage
et fonte en bronze. Paris, Lemercier,
1765, 1 volume.

3g9 — Les Jardins de Versailles, Bustes et
Statues, 3 volumes.

400 — Piranési (J.-Bapt.). Cheminées, Vases,
Chaises, etc., Bas-reliefs, Candélabres
et Vases, 3 volumes, 1769.

401 — Androüet-Ducerceau. Meubles, Baldus,
1869, 1 volume.

402 — Androüet-Ducerceau. Cheminées, un
carton, 21 planches.

403 — Bibiéna. Architecture, 1711, 1 volume.

404 — Serly. Architecture, 1611, 1 volume.

405 — Antonio-Labacco. Architecture, 1 vol.

406 — Douze Gravures. Les Césars, 1 volume
12 Photographies, Impératrices ro-
maines, sont jointes à ce volume.

407 — Diéterlin. 60 planches dans un carton.

408 — Prignot. 24 planches, Cheminées, dans
un carton.

409 — Prignot. 48 planches, Ameublement,
dans un carton.

410 — Ornements Louis XIV, 25 Photographies
dans un carton.

411 — Cheminées des Châteaux et Musées de
Versailles, Blois, Orléans, Fontaine-
bleau et le Louvre. 15 Photographies
dans un carton.

Vve Renou et Maulde, imprimeurs de la Compagnie des Commissaires-Priseurs,
rue de Rivoli, 144.   600—66744

www.ingramcontent.com/pod-product-compliance
Ingram Content Group UK Ltd.
Pitfield, Milton Keynes, MK11 3LW, UK
UKHW031803170726
13836UKWH00003B/1156